Syniad da!

4

7

CYNNWYS

10

13

14

BWYD A DIOD

BAG TE

Ydych chi'n hoffi paned o de? Mae pobl wedi bod yn yfed te ers miloedd o flynyddoedd. Roedden nhw'n rhoi dail te mewn tebot ac arllwys dŵr poeth arno.

Bag Te

Gwaith Thomas Sullivan oedd gwerthu te. Dechreuodd anfon te i'w gwsmeriaid mewn bag bach silc. Yn lle agor y bag a rhoi'r te mewn tebot, roedd y cwsmeriaid yn rhoi'r bag yn y tebot. Roedd Thomas Sullivan wedi dyfeisio'r bag te!

Synad da

LEMONÊD

Ar ddiwrnod poeth, mae'n braf prynu diod oer. Mmm! Roeddech chi'n gallu prynu lemonêd ar y stryd dri chan mlynedd yn ôl.

Ble?
Ym Mharis, Ffrainc. Roedd y lemonêd wedi ei wneud o ddŵr, sudd lemon a mêl. Roedd gwerthwyr yn cario tanciau o lemonêd ar eu cefnau, ac roedd ganddyn nhw gwpanau. Os oeddech chi eisiau prynu diod, roedden nhw'n arllwys y ddiod o'r tanc i gwpan ac roeddech chi'n ei yfed yn y fan a'r lle.

CREISION

Roedd George Crum yn gweithio mewn bwyty yn Saratoga Springs, America. Un diwrnod, gofynnodd cwsmer am sglodion. Ar ôl i George wneud y sglodion cwynodd y cwsmer, "Ych a fi! Mae'r rhain yn rhy dew!"

Roedd yn rhaid i George Crum wneud mwy o sglodion. Torrodd y tatws yn denau iawn a'u ffrio'n galed. Roedd y cwsmer wrth ei fodd. Roedd George Crum wedi gwneud y creision cyntaf – Sglodion Saratoga.

AGOR TUN

Weithiau rydyn ni'n bwyta bwyd ffres, ond weithiau mae'n rhaid bwyta bwyd o dun.

Morwyr a milwyr oedd y cyntaf i ddefnyddio bwyd o dun. Roedden nhw ar y môr, neu ar daith, am amser hir ac roedd bwyd ffres yn pydru.

Ond roedd problem. Sut oedd agor y tuniau? Roedd yn rhaid eu bwrw nhw â morthwyl! O'r diwedd, dyfeisiodd Ezra Warner declyn i agor tun. Ond roedd problem o hyd. Roedd y teclyn agor tun yn cael ei gadw yn y siop, achos roedd e'n anodd i'w ddefnyddio ac yn beryglus. Roedd yn rhaid i bob tun gael ei agor yn y siop!

GWNEUD TOST

Mae bara ffres yn flasus iawn,
ond yn fuan mae'n mynd
yn galed. Beth yw'r ateb?
Gwneud tost, wrth gwrs. Roedd
y Rhufeiniaid yn hoffi tost.
Tostum yw gair y Rhufeiniaid
am rywbeth wedi llosgi.

Ganrif yn ôl, dechreuodd pobl
feddwl am beiriant gwneud tost.
Roedd y peiriant cyntaf yn tostio
un ochr o'r bara ar y tro, ac
roedd yn rhaid i chi sefyll wrth y
peiriant rhag ofn i'r bara losgi. Yna,
dyfeisiodd Charles Strite beiriant
oedd yn taflu'r tost allan pan oedd
e'n barod.

BARA WEDI SLEISIO

Yn 1928 daeth peiriant oedd
yn sleisio bara a'i roi mewn
bag.
Dyma fara wedi ei sleisio'n
barod i'w roi yn y peiriant
gwneud tost!

YN Y TŶ

Josephine Cochrane

PEIRIANT GOLCHI LLESTRI

Pwy sy'n golchi llestri yn eich tŷ chi?
Falle bod peiriant golchi llestri yn y tŷ.

Roedd Josephine Cochrane yn byw yn America.
Roedd hi'n gyfoethog ac roedd ganddi forynion
yn golchi llestri iddi. Ond roedden nhw'n araf ac
weithiau roedden nhw'n torri'r llestri.

Yn 1886 dyfeisiodd Josephine beiriant golchi llestri.

OERGELL

Beth yw pwrpas oergell? Cadw bwyd yn oer
ac yn ffres. Dyma rai pethau sy'n cael eu
cadw mewn oergell.

Yn yr hen amser roedd pobl yn gwneud
tŷ iâ. Roedden nhw'n cloddio twll dwfn yn
y ddaear. Yna, yn y gaeaf, roedden nhw'n
casglu eira a rhew a'u storio yn y twll.
Roedden nhw eisiau i'r iâ aros yn galed tan
yr haf.

Roedd llawer o bobl wedi gweithio ar
ddyfeisio oergell. Un ohonyn nhw oedd
Jacob Perkins o America.

Syniad da

PEIRIANT SUGNO LLWCH

Dyn o Brydain oedd un o'r cyntaf i feddwl am beiriant sugno llwch. Hubert Cecil Booth oedd ei enw.

Roedd y peiriant yn enfawr ac roedd e'n cael ei gario o gwmpas gan geffyl a chert. Roedd y ceffyl yn dod â'r cert y tu allan i'r tŷ.

Hubert Cecil Booth

Yna roedd yn rhaid rhoi pibelli o'r peiriant mewn trwy'r ffenest a sugno'r llwch allan o'r tŷ!

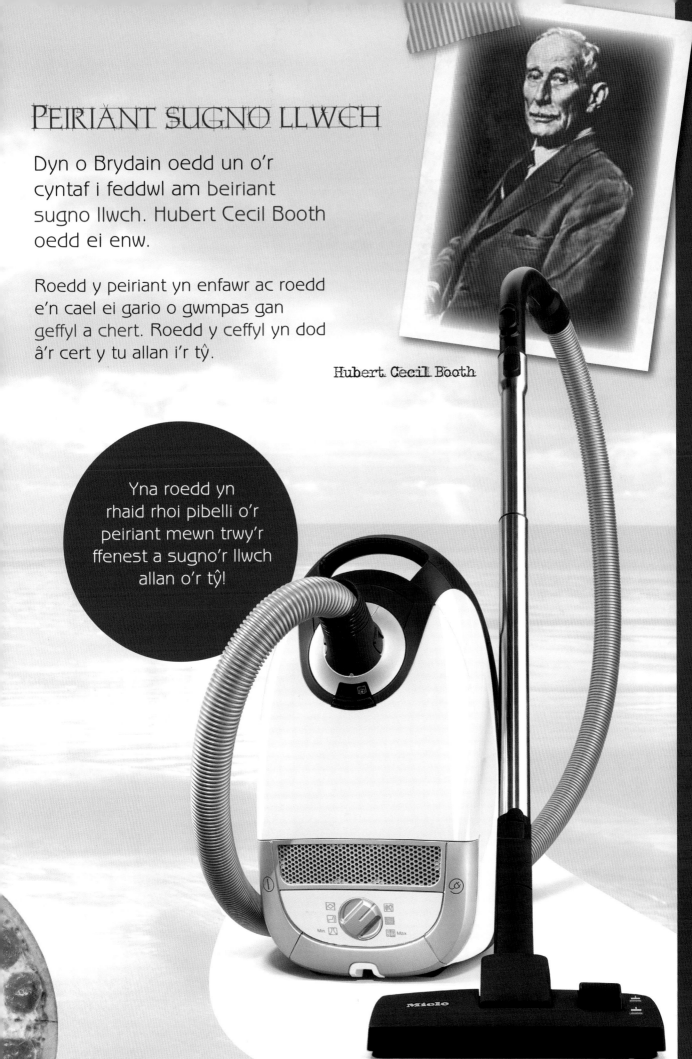

Syniad da

Arthur Wynne

CROESAIR

Ydych chi'n hoffi gwneud croesair? Rhowch dro ar hwn.
Lluniau yw'r cliwiau.

Ar draws

1   2

I lawr

3   4 **9**

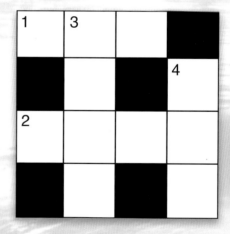

Pwy ddyfeisiodd y croesair cyntaf? Dyn o'r enw Arthur Wynne o Lerpwl.
'Gair croes' oedd e'n ei alw, nid 'croesair'. Roedd e ar siâp diemwnt.

Weithiau, mae'r cliwiau'n anodd iawn ac mae'r
ateb yn hir. Un o'r atebion hiraf mewn croesair yw
Llanfairpwllgwyngyllgogerychwyrndrobwllandysiliogogogoch.

JIG-SÔS

Gwneud mapiau oedd gwaith
John Spilsbury. Yna, un diwrnod,
gludodd fapiau ar ddarnau o
bren a thorri'r gwledydd ar
wahân. Dyma'r jig-sôs cyntaf!

Roedd athrawon eisiau gwneud daearyddiaeth yn hwyl i blant.
Roedden nhw'n defnyddio'r jig-sôs i ddysgu daearyddiaeth.

HYLIF CYWIRO

Mae pawb yn gwneud camgymeriad weithiau wrth ysgrifennu neu
deipio. Dyna niwsans! Roedd Bette Nesmith Graham yn gweithio
mewn swyddfa, ac roedd hi wedi cael llond bol!

"Os ydw i'n gwneud camgymeriad wrth deipio,
rhaid i mi deipio'r gwaith i gyd eto," meddai.

Aeth adre un diwrnod a mynd i'r gegin..
Cymysgodd hylif mewn peiriant. Roedd e fel
paent gwyn. Aeth â'r hylif i'r swyddfa. Roedd
hi'n gallu peintio dros bob camgymeriad!

Yn fuan roedd ei ffrindiau
eisiau poteli o'r hylif hefyd.
Cyn hir, roedd Bette'n
gyfoethog iawn!

TEITHIO

Roedd Percy Shaw yn gyrru ar hyd y ffordd. Roedd hi'n dywyll ac yn niwlog. Roedd hi'n anodd iawn gweld.

Yn ôl yr hanes, roedd cath ar ymyl y ffordd ac roedd llygaid y gath yn disgleirio yng ngolau'r car. Cafodd Percy syniad. Os oedd peli gwydr mewn rwber ar ganol y ffordd, byddai'r gwydr yn disgleirio yng ngolau'r ceir. Byddai pobl yn gallu gweld pa ffordd i fynd.

Beth oedd enw dyfais
Percy Shaw?
Llygaid cath, wrth gwrs!

SYCHWYR FFENESTRI

Mary Anderson

Pan aeth Mary Anderson i Efrog Newydd yn 1903, roedd hi'n bwrw eirlaw yno. Roedd Mary'n teithio ar dram, ac roedd yr eirlaw'n aros ar y ffenest. Roedd yn rhaid i'r gyrrwr stopio a mynd allan i glirio'r ffenest.

Cafodd Mary syniad. Dyfeisiodd ffon i'w rhoi ar ffenest flaen y cerbyd. Roedd llinyn yn mynd o'r ffon i du fewn y cerbyd. Roedd y gyrrwr yn gallu sychu'r ffenest heb fynd allan!

Syniad da

SGLEFROLIO

Gwnaeth Joseph Merlin bâr o esgidiau sglefrolio. Roedd e'n mynd i ddawns yn 1760. Sglefroliodd i mewn i'r stafell.

Ond doedd e ddim yn gallu stopio ac aeth yn syth i mewn i ddrych! Crats! Roedd y drych yn deilchion!

Joseph Merlin

Gyda'r esgidiau sglefrolio cyntaf, dim ond yn syth ymlaen roeddech chi'n gallu mynd. Ond yna daeth esgidiau â phedair olwyn arnyn nhw. Roeddech chi'n gallu sglefrolio i'r chwith neu i'r dde hefyd!

Syniad da

13

ĐILLAĐ

JÎNS

Yn 1849, roedd miloedd o bobl yn America yn cloddio am aur. Roedd Levi Strauss yno. Roedd e'n gwerthu nwyddau i'r dynion oedd yn cloddio. Roedd cloddio'n waith caled ac roedd y dynion eisiau trowsus cryf oedd ddim yn rhwygo. Dechreuodd Levi Strauss a'i ffrind Jacob Davis werthu math newydd o drowsus – jîns – trowsus glas tywyll â darnau metel yn lle botymau.

Roedd y dynion yn hoffi'r jîns yn fawr.

Yn nes ymlaen roedd llawer o ffilmiau'r gorllewin gwyllt yn cael eu gwneud yn America. Roedd cowbois ac Indiaid yn y ffilmiau. Beth oedd y cowbois yn eu gwisgo? Jîns, wrth gwrs.

Erbyn heddiw mae llawer o bobl drwy'r byd yn gwisgo jîns.

Whitcomb Judson

SIP

Pan rydych chi'n gwisgo'ch dillad yn y bore, sut ydych chi'n eu cau nhw? Falle eich bod chi'n cau botymau neu'n tynnu sip. Os ydych chi'n hwyr, mae tynnu sip yn cymryd llai o amser na chau botymau!

Dyn o America oedd y cyntaf i ddyfeisio sip. Whitcomb Judson oedd ei enw. Ond rhywun arall oedd wedi meddwl am yr enw. Pam roedden nhw wedi ei alw'n sip? Oherwydd y sŵn, wrth gwrs! Sssssip!

MYNEGAI

Mae Alun a fi'n dal i deithio trwy amser. Rydyn ni'n aros i Doctor Leon ddod i'n hachub ni. Dw i wrth fy modd. Dw i wedi cyfarfod â phob math o bobl ddiddorol, a dw i wedi meddwl am lawer o bethau da i'w dyfeisio ar ôl mynd adre.

Ond mae Alun wedi cael llond bol. Mae e eisiau mynd adre. Mae e eisiau ymarfer pêl-droed er mwyn chwarae dros Gymru ar ôl iddo dyfu.

Rydyn ni'n disgwyl i Doctor Leon ddod i'n hachub ni. Rydyn ni wedi bod yn disgwyl am amser hir.

Os ydych chi'n gweld Doctor Leon yn rhywle, wnewch chi ddweud wrtho am frysio?

Wwsh! Hedfanodd Alun i mewn i'r cylch yng nghanol y sgrin.
O na!

Roeddwn i'n gallu ei weld yn chwyrlïo o gwmpas yn y cylchoedd pob lliw, rownd a rownd. Roedd Alun yn teithio trwy amser, a doeddwn i ddim yn gwybod sut i ddod ag e'n ôl!

Dyma fi'n gweiddi, "Doctor Leon! Doctor Leon!"

Ond doedd dim sôn am Doctor Leon.

Roedd Alun yn dal i fynd rownd a rownd ar y sgrin. Beth yn y byd oeddwn i'n mynd i'w wneud?

Dim ond un peth oedd amdani! Rhaid i fi fynd i chwilio am Alun fy hun!

Pwysais y botwm coch…

Y diwrnod wedyn, aeth Alun a fi draw i dŷ Doctor Leon.

Roedd y drws ar agor, ond doedd dim sôn am Doctor Leon.

Dyma fi'n galw, "Doctor Leon!"

Dwedais wrth Alun, "Rhaid ei fod e yn y seler."

Aethon ni i lawr i'r seler. Doedd dim sôn am Doctor Leon.

"Ble mae'r peiriant teithio trwy amser?" gofynnodd Alun.

"Dyma fe," atebais.

Syllodd Alun ar y sgrin a'r allweddell â'r botymau pob lliw.

"Does dim byd yn digwydd," meddai.

Pwysais y botwm du. Daeth y cylchoedd yn fyw ar y sgrin.

"Os wyt ti'n pwyso'r botwm coch, rwyt ti'n teithio trwy amser," atebais.

"Pa un? Hwn?" meddai Alun, gan bwyso'r botwm.

Roeddwn i eisiau holi mwy am y peiriant. Ond roedd Dad wedi cael digon.

"Mae'n bryd mynd adre," meddai'n ddiamynedd, "cyn i rywbeth arall fynd o'i le. Hwyl, Doctor Leon."

Ddwedodd Doctor Leon ddim byd. Roedd e'n dal i bwyso'r botymau ar yr allweddell.

Roeddwn i wrth fy modd. Roeddwn i wedi teithio trwy amser. Ar ôl i ni gyrraedd adre, dwedais wrth Alun, fy mrawd. Doedd Alun ddim yn credu.

"Teithio trwy amser! Paid â bod yn wirion!" meddai Alun.

"Gwelais i filwyr a brenhinoedd a Rhufeiniaid…"

"Paid â siarad dwli," meddai Alun.

"Cei di weld y peiriant," atebais.

Wwsh! Roeddwn i'n hedfan i mewn i'r cylch bach yng nghanol y sgrin. Roeddwn i'n troi a throi ac roedd pob math o bobl o'm cwmpas i. Gwelais i Rufeiniaid a milwyr o'r Ail Ryfel Byd ac Eifftwyr a brenhinoedd. Roedden nhw i gyd yn chwyrlïo o gwmpas mewn cylchoedd coch, melyn, piws, gwyrdd, glas...

Crats! Roeddwn i'n ôl yn seler Doctor Leon.

"Dylan!" meddai Dad yn gas. "Beth wnest ti?!"

Doedd Doctor Leon ddim yn edrych arna i. Roedd e'n dal i bwyso botymau ar yr allweddell. "Hm!" meddai. "Arbrawf diddorol. Dw i'n gweld nawr sut mae cael y teithiwr yn ôl. Diddorol iawn."

Pwysodd Doctor Leon fotwm du ar yr allweddell a daeth cylchoedd pob lliw ar y sgrin. Roedden nhw'n cychwyn o un cylch bychan yn y canol ac yn chwyrlïo o gwmpas y sgrin.

"Dw i wedi dyfeisio ffordd o anfon pobl 'nôl mewn amser," meddai Doctor Leon, "ond dw i ddim wedi gorffen gweithio ar sut i ddod â nhw'n ôl i'r presennol."

"Sut mae'r peiriant yn gweithio?" gofynnais, yn llygaid i gyd.

"Wel, mae'r teithiwr yn gallu mynd yn ôl mewn amser trwy bwyso'r botwm coch," meddai Doctor Leon.

"Pa un? Hwn?" gofynnais, gan bwyso'r botwm coch.

"Paid â chyffwrdd â hwnna," meddai Doctor Leon, ond roedd yn rhy hwyr!

Meddai Doctor Leon, "Dw i wedi dyfeisio cymaint o bethau, dw i'n anghofio weithiau beth ydyn nhw. Beth hoffet ti wybod, Dylan?"

Edrychais o gwmpas. Gwelais beiriant bach yng nghornel y stafell. Roedd e'n edrych fel cyfrifiadur bach ag allweddell â botymau pob lliw arni. Hm! Roedd hwn yn edrych yn ddiddorol!

"Beth yw hwn?" gofynnais.

Edrychodd Doctor Leon ar y cyfrifiadur. Crafodd ei ben. Oedd e wedi anghofio beth oedd y peiriant?

"A, dw i'n cofio," meddai Doctor Leon. "Gweithio ar deithio trwy amser oeddwn i. Chefais i ddim cyfle i orffen y gwaith."

Aeth Doctor Leon â Dad a fi i lawr i'r seler lle roedd ei labordy. Roedd pob math o beiriannau a chyfrifiaduron yno. Edrychais i'n syn. Doedd dim syniad gen i beth oedd llawer ohonyn nhw.

Dyn bach oedd Doctor Leon. Roedd ganddo sbectol goch ar ei dalcen ac roedd ei glustiau'n fawr. Gwisgai siwmper liwgar oedd yn rhy fawr iddo.

Ar ôl iddo ef a Dad siarad am dipyn, edrychodd Doctor Leon arna i a gofyn yn garedig,

"Beth wyt ti'n mynd i'w wneud ar ôl tyfu, Dylan?"

"Dw i eisiau bod yn ddyfeisiwr enwog," atebais ar unwaith. "Wnewch chi roi gwersi i fi?"

"Dylan!" gwaeddodd Dad, ond chwerthin wnaeth Doctor Leon.

"Wrth gwrs," atebodd. Yna meddyliodd am ychydig. "Dw i'n brysur iawn heno," meddai. "Rhaid i fi orffen rhywbeth pwysig. Beth am i chi'ch dau ddod yn ôl fory?"

Drannoeth pan agorodd Doctor Leon y drws, roedd e'n edrych yn flinedig iawn.

"Roedd yn rhaid i fi weithio drwy'r nos," meddai. "Ond mae'r peiriant yn gweithio'n dda nawr. Mae'r prif weinidog wedi bod ar y ffôn yn dweud diolch."

Doeddwn i ddim yn gallu credu fy nghlustiau. Y prif weinidog ar y ffôn! Rhaid bod Doctor Leon yn ddyfeisiwr pwysig iawn!

Dyna ddiwedd ar y labordy yn y sièd.

"Sut ydw i'n mynd i ddysgu dyfeisio os nad ydw i'n cael ymarfer?" gofynnais i Mam a Dad. Ond doedden nhw ddim yn gwrando.

Yna, un diwrnod daeth Dad adre a dweud, "Gwelais hen ffrind heddiw. Mae e newydd ddod i fyw i'n stryd ni. Gwyddonydd yw e ac mae e wedi dyfeisio pob math o bethau. Hoffet ti ddod gyda fi i'w weld e, Dylan?"

Roeddwn i wrth fy modd. Cyfle i gwrdd â dyfeisiwr go iawn.

"Beth yw ei enw?" gofynnais.

"Doctor Leon," atebodd Dad. "Awn ni draw nos fory."

Saethodd y bêl o'r peiriant. Gwych!

Ond aeth y bêl yn rhy bell. Tarodd yn erbyn silffoedd Dad. Roedd y silffoedd yn llawn bocsys ac offer o bob math a doedden nhw ddim yn gryf iawn. Plygodd y silffoedd a syrthiodd popeth oddi arnyn nhw.

Am sŵn! Roedd cath Mrs Jones drws nesa'n cysgu yn yr haul. Neidiodd bron allan o'i chroen a dianc i ben y goeden uchaf yn yr ardd.

Arhosodd y gath yn y goeden trwy'r dydd a thrwy'r nos. Roedd hi'n gwrthod dod i lawr. Y bore wedyn roedd yn rhaid galw'r injan dân i'w nôl hi.

Roedd Dad yn wyllt gacwn…

Dyna ddiwedd ar y labordy yn yr atig.

"Cei di gornel o'r sièd," meddai Dad.

Roeddwn i wrth fy modd yn y sièd. Roedd digon o le yno, a doeddwn i ddim yn ffordd neb.

Cefais syniad gwych. Mae fy mrawd Alun yn chwaraewr pêl-droed penigamp ac mae e eisiau chwarae dros Gymru pan fydd e'n hŷn. Ond dydy e ddim yn gallu penio'r bêl yn dda iawn. Felly, dyma fi'n dyfeisio peiriant i saethu peli at Alun er mwyn i Alun eu penio'n ôl.

Roedd y gwaith yn mynd yn dda. Roeddwn i eisiau gwneud arbrawf i weld a oedd y peiriant yn gweithio.

Meddyliais i fod angen stafell arbennig arna i – labordy, lle y byddwn i'n dyfeisio pethau.

"Gaf i ddefnyddio'r atig?" gofynnais i Mam.

"Wrth gwrs," atebodd Mam. Roedd hi wedi hen flino arna i'n dyfeisio pethau ar fwrdd y gegin.

Roedd yn rhaid i fi wneud y stafell yn addas i fod yn labordy, wrth gwrs.

Es i nôl paent du o'r sièd. Dechreuais beintio'r atig yn ddu. Ond dyma fi'n gollwng y tun ar y llawr. Saethodd paent du ar hyd y waliau a'r llawr ym mhob man. Llifodd paent du drwy nenfwd y stafell wely o dan yr atig.

Roedd Mam yn wyllt gacwn...

Dylan ydw i. Dw i'n naw oed.

Mae pobl yn gofyn i fi weithiau, "Beth wyt ti'n mynd i'w wneud ar ôl tyfu'n ddyn?"

Dw i'n ateb yn syth, "Dw i'n mynd i fod yn enwog. Dw i'n mynd i ddyfeisio pethau pwysig."

Ond mae gen i broblem. Sut mae dysgu bod yn ddyfeisiwr enwog? Mae angen ymarfer. Rhaid i fi ddechrau trwy ddyfeisio pethau bach. Dw i'n cael syniadau newydd bob dydd.

Weithiau maen nhw'n syniadau da. Weithiau dydyn nhw ddim yn gweithio. Weithiau maen nhw'n mynd o chwith.

Dyma'r broblem. Dydy Mam a Dad ddim yn deall. Dydyn nhw ddim yn deall bod pob dyfeisiwr enwog yn gwneud camgymeriad weithiau.